청소년과 어른이 함께 읽는
일러스트 불교 입문

DharmaDelight by Musho Rodney Alan Greenblat

글 · 그림
무쇼 로드니 앨런 그린블랏

옮긴이
윤승서, 이승숙

조계종
출판사

감사 인사

어머니 조세핀 여사 덕에 책을 쓰게 되었습니다. 감사합니다.

아버지께서는 다락방, 차고, 베란다를 모두 일러스트 작업장으로 쓰도록 허락해주셨습니다. 감사합니다.

아내 디나 레보우는 책 내용을 함께 살펴보고 함께 웃어주었습니다. 감사합니다.

딸 클레오와 킴벌리는 제가 (거의) 철들도록 도와주었습니다. 감사합니다.

장모님 글로리아 레보우 여사께서는 귀한 말씀을 많이 해주셨습니다. 제가 듣지 않은 경우가 많네요. 감사합니다.

로시 엔쿄 오하라께서는 제가 몸담고 있는 좌선 모임을 만드셨습니다. 감사합니다.

센세이 조신 오하라께서는 세상을 완전히 다르게 바라보는 시각을 보여주셨습니다. 감사합니다.

헌정사

이 책을 제 강아지 로키(1998-2013)에게 바칩니다.
귀여운 흰둥아, 잘 가!

목차

소개의 글
Preface

불교는 방대하고 다양한 가르침들을 서양에 전해주었다. 그 중 어떤 부분은 이해하기 어렵고 특히 일상생활 속에서 실천하기가 어렵다. 그런 면에서 저자 무쇼 로드니 그린블랏은 이 놀라운 책에서 탁월한 성과를 거두었다. 불법의 진수를 재미있으면서도 명확하게 설명한 것이다. 이 책의 독자들은 불교의 가르침이 우리의 삶에서 어떤 작용을 하는지 이해할 수 있을 것이다.

"다르마"란 불교의 여러 가르침을 일컫는 용어다. 저자는 자기 체험에 기반하여 불교의 핵심 가르침에 대한 창의적이고 뛰어난 시각을 제공해준다. 즉 사성제, 경전, 보살 등의 개념들과 특히 불성에 대해, 그리고 세상 속에서 각자의 고유한 역할에 대해 심오한 가르침을 제공해준다.

무쇼(저자의 불명)는 맨해턴의 젠도 빌리지에서 나와 함께 수년간 수행한 적이 있다. 그는 현재 참선 모임의 원로 수행자로서 법문과 수행 지도를 하고 있다. 이 경험을 통해 그는 불법의 다양하고 난해한 신비로운 가르침들을 대중에게 전달하는 방법을 터득하였다. 그는 우화, 재치 있는 표현, 유쾌한 일러스트 등을 동원하여 고대 자타카 이야기, 전통 불교 교리, 화두, 그리고 21세기의 불교적 체험 등을 풀어냈다.

불자들은 흔히 불법에 대해 향기는 다양하나 맛은 하나라고 말한다. 그것은 해방의 맛이다. 이 탁월한 책은 불법을 정확히 전달하는 동시에 또한 불교의 가르침들을 다양한 방법으로 감상하는 즐거움을 선사한다. 결국 이 책은 대자유에 이르는 길을 보여준다.

이 책의 독창적인 점은 심각한 주제에 대한 생생한 삽화로 가득 차있다는 것이다. 우리 삶이 바로 그러하 듯이! 심오한 가르침으로 가득한 이 책은 제목과 같이 진정한 기쁨을 선사할 것이다.

로시 엔쿄 오하라 Roshi Enkyo O'Hara

추천의 글
Foreword

"삶과 죽음의 문제는 최고로 중요한 것이다… 시간은 쏜살같이 흘러가고 기회는 사라진다… 인생을 낭비하지 마라."
– 저녁 종송

음. 엄청나게 심각한 얘기다.

사실 불교의 총체적 프로젝트는 매우 심각한 의지들로 가득 채워진 인생이란 방안에 놓여진 육중한 가구처럼 보일 수도 있다. 우리 자신의 고통과 다른 이들의 고통을 경감시킨다는 불교 프로젝트의 전망은 – 말이 좋아 고통 경감이지, 얼마나 힘든가! – 우리의 미국식 청교도주의와 자기계발에 대한 열광과 결합되면 실제보다 더 우울하게 보일 수도 있다.

하지만 무쇼 로드니 앨런 그린블랏이 쓴 이 "다르마의 즐거움"을 읽어보라. 무쇼는 명상의 편안함과 즐거움을 체험하게 해주는 훌륭한 도반이자 안내자이다. 자신의 책에서 무쇼는 불교의 역사, 가르침, 상징을 종망라하면서, 전통적이면서도 독창적인 문체로 불교를 풀어낸다. 이 책은 지혜뿐만 아니라 읽는 즐거움을 선사한다. 거북이, 팬다, "콩생"[중생인 콩알]까지 등장해서 보리달마 조사, 관세음보살, 부처님과 어울리며 해탈의 길을 안내한다. 아름다운 색채와 감동으로 가득한 장들을 넘기면서 나 역시 지극한 해방감을 맛보았다.

이 책에 등장하는 이미지들은 대부분 정통 불교적 도상학이나 상징체계를 벗어나지 않으면서, 인생이 위대한 희극이며 선(禪) 자체가 호탕한 웃음이라는 두 가지 사실을 상기시킨다. 선이야말로 자유에 도달하기 위해 인간이 고안한 여러 길 중 가장 "재미있는" 길일 것이다. 선 수행자로서 나는 아직 한 손의 소리를 깨닫지는 못했지만, 배우로서 나는 두 손이 내는 박수 소리는 익히 들어 알고 있다. 그러기에 무쇼의 작업에 대해 열렬한 박수와 구배[아홉 번의 절]를 보낸다. 어서 책을 펼치고 행복에 빠지길 바란다!

리차드 토마스 Richard Thomas

이 책의 탄생

내가 관광객으로 일본의 오래된 절들을 다닐 때의 얘기야.
나는 궁금한 게 무척 많았어.

도대체 이 커다란 불상들은 무슨 말을 하려는 거지?

이 이상한 선승들은 왜 벽을 향해 앉아있는 거야?

그런 것들이 어떻게 내 힘든 삶에 도움을 주지?

욕심 버리기
부자 되기
욕심 채우기
남들 돕기

일본에 있는 내 친구들은 내 의문을 해소해주지 못하더군. 뉴욕에 돌아온 뒤 나는 참선하는 절에 가서 명상을 하면서 답을 찾아보기로 했어. 근처에 참선 모임을 찾아내서 나는 명상을 배우기 시작했어. 강의를 듣고 일주일간의 수행캠프에도 참석했어. 그러자 놀랍게도 그 거대한 불상들이 말을 하기 시작하더군! 면벽을 하는 스님들도 처음처럼 이상해 보이지는 않게 되었어.

내 인생은 힘들고 혼란스럽네요. 어떡해야 되죠?

당신은 예술가라고 하지 않았나요?

그렇죠. 그런데…

예술을 하세요.

그 뒤부터 나는 내가 익히고 알게 된 것들을 토대로 예술 창작을 시도해보았어.
그렇게 해서 만들어진 게 바로 이 책이지.
그러면 우선 내가 이해하는 다르마가 무언지 얘기해볼게.

부처님의 가르침

석가모니
싯다르타
고타마
부처님

"다르마"는 [우리말로 "법(法)"이라고 해] 곧 석가모니의 가르침을 뜻해. 석가모니는 2,500여 년 전에 인도에 살았던 분인데 부처, 즉 깨달은 자가 되셨지. 이 분의 가르침은 간단한 시 또는 일화에서부터 방대한 철학적 담론에 이르는 기록으로 남아 있어. 그 내용은 일단… 음… 시간과 공간에 대한 우리의 근본적인 생각을 뒤집는다고 할까? 멋지지? 그분의 가르침을 요약해볼게.

"부처"는 깨달은 자라는 뜻이야!

팬다쭈 [참선하는 팬다]

네 가지 성스러운 진리(四聖諦)

①

모든 존재는 무상하고 허망하고 불완전해.
와장창!

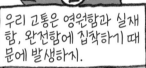
②

우리 고통은 영원함과 실재함, 완전함에 집착하기 때문에 발생하지.
영원히 안 변함
34.95

③
고통을 끝내고 자유를 얻는 길이 있어.

④
그 길은 바로 팔정도야.

1. 바른 견해(正見)
2. 바른 생각(正思惟)
3. 바른 말(正語)
4. 바른 행동(正業)
5. 바른 생활 또는 직업
   (正命)
6. 바른 노력(正精進)
7. 바른 깨어있음(正念)
8. 바른 집중 또는 삼매
   (正定)

석가모니께서는 자유를 얻는 길을 놀라운 방식으로 40년 동안 가르치셨어. 제자들은 이 분의 가르침을 몽땅 외워서 기억했고 나중에 글로 남겼지. 그렇게 해서 크고 작은 책들이 모아졌는데 그걸 "경전"이라고 불러. 경전에 대해서는 아직도 끝없는 연구와 번역이 진행되고 있지. 그래서 지금까지 부처님의 멋진 가르침이 계속해서 퍼져나가면서 괴로움을 끝낼 수 있는 길을 밝히고 있는 거야.

와! 배울 게 참 많네!

콩생[중생의 대표]

그러면 석가모니 부처님이 다르마를 처음 편 것일까?

부처님께서 법륜을 굴리시니 현실 세계는 수만 가지 모습을 드러내도다!

다르마는 연중무휴

석가모니는 부처의 다르마, 즉 불법을 펴기 시작했지. 그런데 말이야. 부처의 다르마 말고도 훨씬 많은 다르마가 있어. 석가모니 전에도 그 후에도 다르마는 무수히 펼쳐지고 있는 거야. 지금 이 순간에도! 수억 개, 수천억 개의 다르마가 항상 늘 펼쳐지고 있는 거야. 그 무수한 다르마 하나하나 모두 우리가 삶을 살피고 귀 기울이고 반성할 수 있도록 해주는 거지. 예를 들어볼까?

결국 다르마들은 우리가 다르마를 알아채는 눈을 가지고 있기만 하면 모든 곳에서 펼쳐지고 있어. 어떤 다르마들은 깨닫기가 몹시 어려워서 많은 난관과 오랜 수행을 거쳐야만 얻을 수 있어. 가장 어려운 가르침이야말로 대자유를 향한 가장 직관적이고 예기치 않은 문을 열어주는 것인 경우가 많아.

다르마는 끝이 없습니다.
저는 그 모두를 깨닫기를 서원합니다

(法門無量誓願學).

다르마의 즐거움

우리 모두 기쁨을 느낄 때가 있지.
때로는 다음과 같이 엄청나게 큰 기쁨을 느낄 때도 있어.

맛있는 음식 실컷 먹고 즐기기!

모두가 부러워할 만한 승진

금메달 따기

때로는 이런 아주 작은 즐거움을 느낄 때도 있어.

아끼는 찻잔에 차를 마시기

따뜻한 봄 햇살 느끼기

아기 웃음 소리 듣기

그래. 뭐 그런 기쁨이 있는 건 알겠어. 한데 인생에서 몹시 복잡하고 골치 아픈 일들이 자꾸 벌어질 때는 어떻게 기쁨을 찾을 수 있지? 고민이 아주 많고 한 치 앞을 알 수가 없는데. 그럴 땐 어떻게 기쁨을 찾아낼 수 있겠어?

그런 질문들에 대답하려고 이렇게 글을 쓰고 그림 그리고 색칠하면서 이 책을 만드는 것 아니겠어?

황금빛 깨달음의 순간(일상에서)은
거듭 그리고 또 거듭 온다

모두가 부처님
그 자체로 아름다운 이 세계에 깨어있도다

깨달음 전야

결국 석가모니는 작은 언덕에 이르러 한 나무 아래에 정좌했어. 그는 명료한 답을 얻기 전에는 일어서지 않겠다고 결심했지.

욕망과 망상의 마귀들이 덤비기 시작했어. 석가모니 마음에는 의심이 일어났지.

하지만 밤새도록 싸운 끝에 결국 마귀들은 그에게 질려서 떠나버렸어. 이제는 고요함이 찾아왔지.

동이 터오자 그의 눈에 새벽 별(曉晨)이 보였어. 그 순간 그토록 찾아헤매던 명료한 답이 나타난거야. 그는 감사함으로 가득하여 손으로 땅을 만졌어.

매년 음력 12월 8일마다 우리는 밤샘 정진을 하면서 부처님의 깨달음을 기념한단다. 선불교 사찰에서는 이날 밤을 "성도재일"이라고 불러.

19

"나"를 공부하라

"나"를 공부하라

위대한 스승 도겐 젠지(道元禪師)는 814년 전에 일본에 살았어.

불도를 공부한다는 것은 나를 공부하는 것이다. 나를 공부한다는 것은 나를 잊는 것이다. 나를 잊는다는 것은 일체에 의해 내가 드러난다는 것이다.

나는 멀로 만들어졌지? 나는 뭐지? 나는 누구지?

음…

당신은 인간이오? 누군가의 아들, 형제, 친구, 남편, 아버지인가요? 예술가이자 디자이너인가요?

네.

당신은 관광객, 음악 애호가, 납세자, 컴퓨터 사용자, 가게의 손님, 개를 산책시키는 자이기도 하지요?

그럴 때도 있지요.

때와 상황에 따라 저는 그 모든 것이군요.

그렇죠.

하지만 당신은 이 모든 것이 다 아닐 수도 있단 거지요!

그러면 난 콩이 아닌 팥이닷!

"나"라는 것은 시간에 따라 계속 변하는 거잖아? "나"를 불변하는 것, 고정된 것으로 생각하지 않는다면 말이야, 상황과 필요에 따라 "나"라는 것이 그때그때 만들어진다는 걸 이해하겠어? 그래서 도겐은 매 순간 일체에 의해 "내"가 드러난다는 말을 하셨지.

"나"를 공부하는 것처럼 어려운 공부는 없겠지. 하지만 이건 무척 보람있는 공부야. "나"를 곰곰이 관찰해보면 우리의 무수한 아픔과 즐거움이 일어나는 원인과 조건들을 알 수가 있어.

"나"를 공부하는 최고의 방법은 명상이야.

엄격한

채식 샌드위치

점심 공양

육식하는 자는 무수한 죄를 짓는 것이다.
채식하는 자는 무량한 덕을 쌓는 것이다.
세속의 사람들은 육식의 해로움과 육식을 금하는 이로움을
알지 못하니, 나는 육식을 금한다는 것을 설하노라.

…라고 오래된 경전에 쓰여있긴 한데 부처님의 가르침을 따르기 위해 반드시 채식을 해야 하는 건 아니야.
뉴욕에 있는 우리 절에도 채식을 실천하는 사람들은 소수야.

나는 어릴 때부터 고기를 먹었어.

냠냠!

갓 구운 핫도그

지난 세월 동안 나는 여러 애완동물을 길러보았어.

한 녀석은 수줍음이 많고 한 녀석은 호기심이 많구나.

금붕어

어떨 때는 장난치고 싶어하고 어떨 때는 신경질적이군.

흥

고양이

이 앵무새는 영어랑 여러 언어의 단어들로 말할줄 아네.

악악 익익 헬로

새

나를 완전히 설득시킨 건 결국 우리 강아지였어.

우리 강아지는 똘똘하고 빠릿빠릿하고 장난기가 넘친단 말이야. 용기도 있지만 어떨 때는 걱정을 하거나 두려워하기도 해. 내 감정 상태에 반응할 줄도 안단 말이야. 그리고 자기가 쓸모있고 사랑 받는다는 것을 느끼고 싶어 해.

무슨 말을 하는 거지?

동물들의 생명도 하나같이 소중하고 복잡하고 또 아름다운 거야.

결국 채식의 결심을 확고히 굳히자 나는 큰 해방감을 느꼈어. 도덕적 모호함으로부터 벗어났고, 비인간적인 공장식 동물 사육의 공범이 아닐 수 있게 된 거야. 몸과 마음이 훨씬 건강하고 가벼워졌어.

중생 먹지 말고 콩생을 먹자!

채식주의자(vegetarian) 또는 철저한 채식주의자(vegan)가 되는 것은 쉽지 않은 길이야.
주류 문화와도 어긋나고, 채식을 고수하려면 끝없이 깨어있고 조심해야 되거든. 그렇지만
그 모든 어려움이 그만한 값어치가 있다는 거지. 채식 샌드위치 맛을 봐봐. 정말 맛있어.

등불이 되어라 (自燈明)

대반열반경에 나오는 부처님의 마지막 가르침

불법에 귀의한 제자들이여, 내가 간 뒤에 울지말아라. 너희는 내 가르침을 잘 새겨들었다. 이제는 너희 스스로를 비추는 등불이 되어라. 스스로의 길을 밝게 비추고 오직 진리만을 의지하라. 너 자신이 아닌 그 누구에도 의지하지 말아라. 그렇게 함으로써 최고의 목표에 이를 것이다.

뛰어난 가르침이지? 내가 이해한 바로는 남의 의견이나 신앙을 따라갈 필요가 없다는 거야. 왜냐하면 우리 모두 다 자기 안에 삶을 생기 있고 가치있게 만들어낼 능력이 있기 때문이야. 모든 곳에 존재하는 가르침에 대해 우리 자신을 열고, 주변 사람들에 대해 섬세한 마음으로 공감하면 되는 거야. 우리 자신의 존재에 등불을 비출 수 있다면 우리는 인생의 문제를 해결하고 평화 속에서 살아갈 수 있을 거야.

너 자신과 일체중생을 위한 등불이 되어라!

번개의 절 부처님은
하루 24시간, 일주일에 7일
계속 명상하는 분이야.
무려 9,999년을 같은 자세로
수행하시지.
대단한 능력이야!

시계를 보지 않으니
더 편하게 명상할
수 있어.

일체 모든 것은 변하고 끝나고 시작하
고 있다. 이것이 멈춤이 없는 흐름이다.
또 하나의 찰나가 지나갔구나.

번개의 절은 나타났다가 사라지고 다음 순
간에 번개처럼 다시 나타난다. 워낙 빨리
다시 나타나기 때문에 늘 그 자리에 있었던
것처럼 보이는 것일 뿐이야.

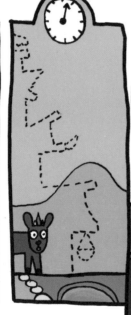

어쩌면 말이야. 번개의 절은 거
기 없는 것일 수도 있어. 어쩌면
번개의 절 부처님도 없는 것일
수 있어.

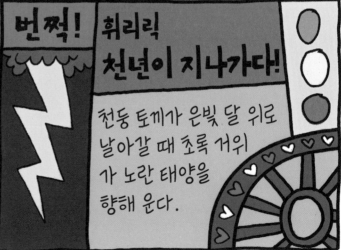

번쩍! 휘리릭
천년이 지나가다!
천둥 토끼가 은빛 달 위로
날아갈 때 초록 거위
가 노란 태양을
향해 운다.

27

위대하도다

위대하고 경이로운 찰나의 수호자 보살 → 작고 폭신한 흰 구름 → 엄청난 양의 황금 더미 → 동요하는 바닷물로 가득찬 은색 욕조 → 공전하는 장수의 상징 고대 거북이 → 길을 비추는 꺼지지 않는 촛불

위대하고 경이로운 찰나의 수호자 보살님은 여덟 개의 손을 가졌어.

 1번과 2번은 우주적 명상의 무드라(手印)를 하고 계심.

 3번은 나태하거나 침체된 이들을 일깨우는 아주아주 시끄러운 종을 들고 계심.

 4번은 현상의 비어있음을 상징하는 진여의 거울을 쥐고 계심. 이 거울은 현상을 그대로 비추는 데 사용될 수도 있음.

 5번은 미혹의 구름을 일거에 날려버리는 강력한 헤어 드라이기를 갖고 계심.

 6번은 마귀들의 속임수를 밝혀내고 이들에게 부끄러움을 알게 해주는 항마 손전등을 들고 계심.

 7번은 온갖 회의가 열리고, 슬픈 일을 나누고, 공동의 관심사를 탐구하고, 잔치를 여는 마을 회관을 들고 계심.

 8번은 전설적인 소원 성취의 보석을 쥐고 계심.

진짜 위대하십니다!

위대하고 경이로운 찰나의 수호자 보살님이 허공에 떠있는 것을 보게 된다면 바로 요가 자세를 취하고 소리 질러봐. "진짜 위대하십니다!" 위기는 기회로 변하고, 가족과 친구들 모두 너를 사랑스러워하게 될 거야.

29

무한한 신심과 공양

무한

"위대하고 감사한 자"야. 푸른 지구 위로 날고 있어.
우주선 이름은 "나없는 나"라고 해.

태어남

카르마의 작용

"나없는 나" 우주선에는
일체 모든 것이 다 들어올 수 있어.
대략 9천 억의 중생 정도?

배 움

핸들은 황금으로, 계기판은 은으로,
여러 단추는 루비와 에메랄드와
소원성취 보석으로 만들어졌지.

깨어있음

이 타

수 행

수면 위로 반짝이는 별들도
하나하나 모두 중생이야. 바다와 강
물과 호수의 물결이 출렁일 때마다
수백만 배로 불어나지.

성 취

지혜와 자비의 등불은 밝은 빛을 비추
고 있어. 건전지는 연꽃과 같은 의지
력이야. 건전지는 5초만에 닳을 수도
있고 5천 년을 갈 수도 있어.

죽 음

무 한

카르마의 작용

우주선은 느림보다 느리고,
빠름보다 빨라. 낮과 밤이 바뀌어도 끝없이
전진해나가지. 바퀴가 꾸준히 굴러가면서 빛나는
"나없는 나"호는 눈에서 사라진단다.

있는 그대로

거울에 비친 본성

거울을 보면 우리는 부처님을 볼 수 있어야 되지만 보통 사람들은 잘 보지를 못해. 부처님을 보고 싶어하는 자는 부처님을 볼 수가 없어. 강아지는 부처님을 볼 수 있지만 부처님을 보아도 별 반응이 없지. 왜 그럴까? 강아지에게는 자기가 부처님인지 아닌지가 중요하지 않기 때문이야.

부처님의 진공 청소기

먼지야 안녕. 미안하지만 너희는 우리 집에 살면 안돼. 밖에 나가서 흙과 어우러져서 풀과 나무가 자라는 것을 도와주거나 큰 산을 이루는데 보탬이 되어보는 건 어때? 집 안에서 사람들한테 밟히고 미움 받으면서 지내지 말고 밖으로 나가서 대자연의 일부로 살아가는 게 나을 것 같구나. 진공청소기에 널 담아서 밖으로 보내줄게!

부처님의 나팔

[여섯 세계에 빠져있어도 다르마의] 나팔 소리를 듣는 건 어렵지 않아. 먼 거리에서도 잘 들리거든. 아무리 숨기려 해도 바퀴가 굴러가는 것은 드러나게 되거든.

전상의 시원한 바람을 느끼는 것 / 아수라들의 전쟁을 느끼는 것
숲속을 거니는 짐승들을 느끼는 것 / 지옥의 타오르는 불길을 느끼는 것
아귀의 배고픔을 느끼는 것 / 인간 세상의 고통을 느끼는 것

이 여섯 가지 (六道)에 빠져있는 것은 어렵지 않아.
스스로 나팔을 불거나 바퀴를 굴리는 것은 어렵지는 않지만 연습이 필요해. 처음에는 불가능해보일 수도 있어. 인내심 있는 스승을 만나는 것도 시간이 필요한 일이지. 연습을 해서 숙달이 되더라도 여전히 어색할 수는 있어. 그래도 중요한 건 말이지, 절대 포기하면 안된다는 거야. 시간이 지나면 어렵지 않게 될 테니.

산에 앉아있기

지혜를 얻은 자들은 산에 들어가 천 년을 머무는 경우가 있어. 이 시간 동안 그들은 고독 속에서 사유하면서 통찰과 인내를 얻게 돼.

산에서 내려오면 그들은 욕망과 집착의 세계가 하나도 변하지 않았음을 보게 돼. 수행으로 힘이 커진 이 사람들은 모든 존재를 이롭게 해주기 위해서 애쓰게 되지. 그런 일에 힘쓰는 동안, 알아차리지도 못한 사이에 이번엔 만 년이 흘러가. 그 시간 동안 이들을 만난 무수한 사람들은 발심을 하거나 지혜를 얻기도 해. 새로 지혜를 얻은 자들은 다시 산에 들어가니까 계속 순환이 되는 거야. 이렇게 돌고 돌면서 지혜는 점점 커지고 더 많은 중생들이 구제 받게 되는 거야.

부처님의 시간 창조기

두 개의 법륜이 있어. 위쪽 바퀴 이름은 "우리에게 인식된 세상"[현상]이고, 아래 바퀴는 "원래 모습의 세상"[진여]이야. 두 바퀴는 서로 굴러가는 걸 도와준단다. 들숨은 아름다운 꽃과 나무와 모든 중생을 만들어내고, 날숨은 시작과 끝이라는 지구적 차원의 친절함을 확장시킨단다.

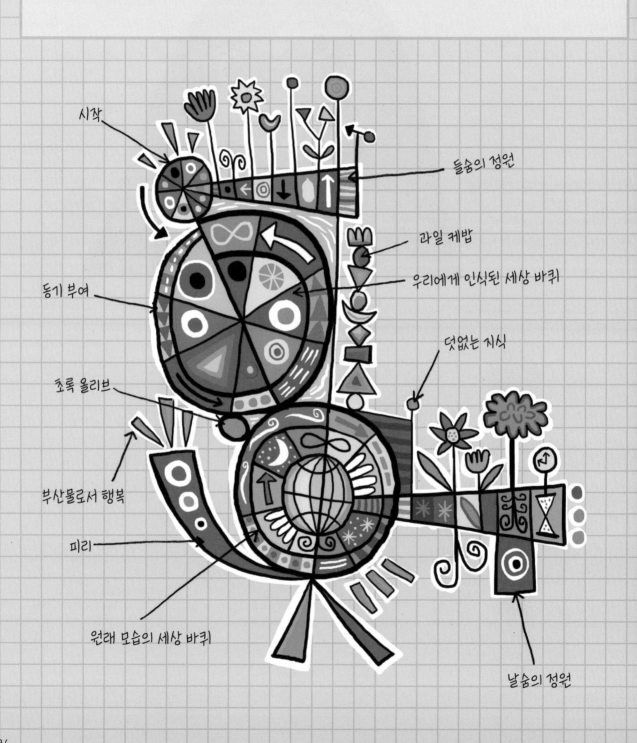

시작

들숨의 정원

과일 케밥

우리에게 인식된 세상 바퀴

동기 부여

덧없는 지식

초록 올리브

부산물로서 행복

피리

원래 모습의 세상 바퀴

날숨의 정원

부처님의 공간 창조기

분홍색 깔대기가 우주의 모든 입자를 모아서 조심스럽게 지구로 보낸단다. 이로 인해 물질의 바퀴 주위를 별의 바퀴가 돌기 시작해. 차원의 힘이 냉각기를 통과하여 낮과 밤의 통으로 들어가지. 일반적인 형태를 지닌 것들은 모두 기본 배출구를 통해 나가고, 웃음은 보조 배출구를 통해 나가.

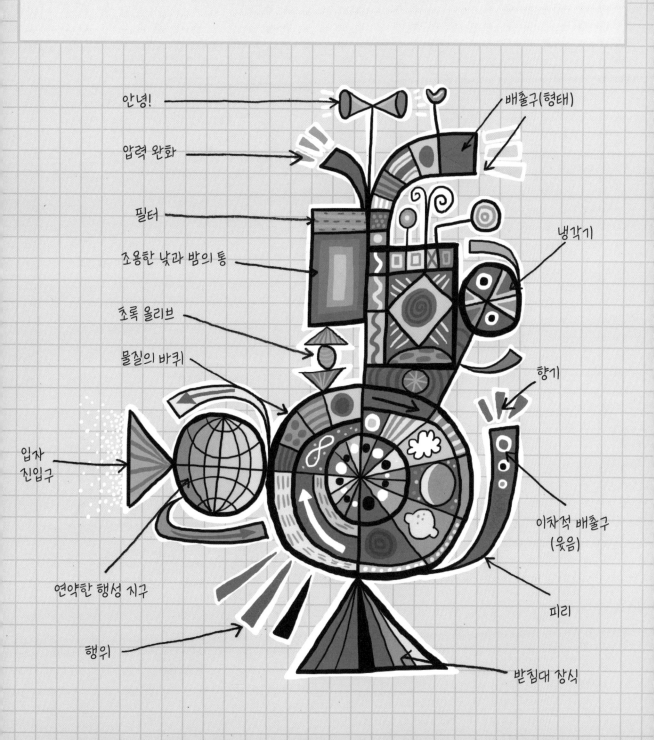

37

와우 템플

역사

태어난 날 세워진 이 절은 존재하는 동안 하루도 빠짐없이 열려있었습니다. 지난 세월 동안 부침이 있었지만 마음을 써주시는 참석자들과 후원자들 덕에 지금껏 운영이 가능했습니다. 부단한 수행과 개선을 해나간 덕에 절은 "지금 이 순간"에 열려있을 수 있습니다. 무탈한 아동기, 격정적인 사춘기, 장미빛 미래의 청년기를 지나 이제 와우 템플은 성숙을 향해 가는 큰 길에서 잠시 쉬고 사색할 수 있는 공간이 되었습니다.

특징

절 가운데는 거대한 황금 부처님이 모셔져 있습니다. 동과 금으로 만든 이 불상의 진실한 본성은 세월이나 기후, 또는 왕조의 흥망에 영향을 받지 않습니다. 주변 지역의 유행이나 문화는 변해가지만 부처님은 변하지 않으십니다. 절에서는 다양한 서비스를 제공합니다. 모든 수준의 사람에게 맞는 가르침, 손님을 위한 숙소, 도서관, 식당, 체육관, 명상과 여가를 즐기는 공간 등.

방문

절은 24시간 개방되지만 밤에는 잠을 자야 하기 때문에 일부 서비스는 제공되지 않습니다. 절에서는 편안한 복장을 입으시고, 말은 꼭 해야할 말만 하세요. 정해진 시간에 노래 부르기와 시 낭송이 허용됩니다. 방문객들은 너무 큰 기대를 하진 마시고 "있는 그대로" 봐주시기 바랍니다. 쓰레기를 버리지 마세요. 미소는 환영입니다. 여러분의 베푸는 마음 덕에 절은 늘 열려 있을 수 있습니다.

42

44

와우 템플 안내

1. 평화의 태양. 한쪽 눈은 뜨고 있음. 다른 쪽 눈은 눈물, 아픔, 미소 때문에 감고있음
2. 졸린 달. 낮인데도 아직 보임
3. 천둥 토끼 구름의 신. 중생들에게 도움과 웃음과 특수한 능력을 줌
4. 빨강, 파랑, 초록으로 장식된 은색 별 3개
5. 위대한 야생 초록 거위. 과연 어디로 날아갈까?
6. 다른 세계에서 온 방문객. 우리 세계의 관습을 궁금해하고 있음
7. 천둥 토끼가 하늘을 가로지르면서 생기는 무지개 흔적
8. 팔정도를 나타내는 시계(피자로 만듦)
9. 정부 지원으로 시인들이 평생 거주할 수 있도록 건립한 탑
10. 기쁨을 상징하는 파랑새를 지붕 위에 거대한 조형물로!
11. 하루 3번 명상 시간마다 울리는 3개의 거대한 황금 종
12. 깨달음의 청룡을 지붕 위에 거대한 조형물로!
13. 이슬람교 평화와 예배 당
14. 유대교 평화와 예배 당
15. 보살님께 감사드리는 탑
16. 와우 템플의 위대한 부처님
17. 남성을 위한 자비의 황금 상
18. 투나의 장난감, 디나의 채식 빵, 코스모의 우주 너트를 파는 상점
19. 1242년에 지은 와우 템플의 입구
20. 로드니의 기념품, 킴의 장신구, 타크의 아이스크림을 파는 상점
21. 여성을 위한 힘의 황금 상
22. 제브와 포고와 산책하는 클레오
23. 아래층 방문객 센터 및 강당으로 가는 입구
24. 거대한 연잎 샐러드 접시
25. 위대한 은색 계단
26. 도겐님께 감사드리는 탑
27. 로비 및 명상 홀로 가는 입구
28. 기독교 평화와 예배 당
29. 재가자를 위한 평화와 성찰 센터
30. 예술극장
31. 로키
32. 만족의 다섯 개 레몬 중 하나

보살은 깨달음을 얻은 존재들이야.
이분들은 이런 서원(맹세)을 세웠어.

1. 중생이 수없이 많지만 다 건지오리라(衆生無邊誓願度)
2. 번뇌가 끝이 없지만 다 끊으오리라(煩惱無盡誓願斷)
3. 법문이 한없이 많지만 다 배우오리라(法門無量誓願學)
4. 불도는 위없이 높지만 다 이루오리라(佛道無上誓願成)

보살은 서원을 실천하는 삶을 살면서 모든 능력을 다해
중생들이 행복과 자유의 세계에 들어갈 수 있도록 도와주는 거야.

안녕! 나는 문수보살이야.

"지혜의 왕자"란 뜻

내 임무는 지혜를 전하고
모든 중생을 구하는 거야.

그걸 어떻게 하냐고?

1. 사자를 타고 신속히 이동

2. 깨어있음의 칼을 휘두른다
   붉은 끈과 푸른 끈을 베어버림.
     붉은 끈 : 싫음, 미움, 탐욕, 무명
     푸른 끈 : 욕망, 관념적 사고, 아상

3. 지혜의 글을 가지고 다님. 이렇게 쓰여있음 :
     모든 존재는 고유하다.
     모든 상황은 고유하다
     능력과 자비와 통찰을 나눌 것

4. 이걸 이해할 것

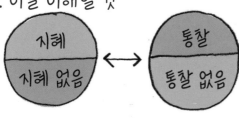

이렇게 볼 수도 있지

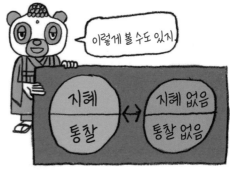

5. 열린 마음과 꾸준한 마음

6. 총명함과 겸손함

7. 현존함과 깨어있음

8. 기억할 것

   도달해야 할 곳도
      얻어야 할 것도 없음을 알 것

☆참고
지혜롭고 힘센 나는
가끔 작은 갈색 참새
로 변신하기도 해.

9. 시공을 여행하면서 마음의 해방
   을 방해하는 모든 장애물을 끊어
   버리기)

안녕! 나는 보현보살이야. ← "보편적 덕"이란 뜻
나는 서원의 무한한 힘을 실천하지. 어떻게 하냐고?

위대한 품격

눈(眼)
귀(耳)
코(鼻)
혀(舌)
몸(身)
마음(意)

눈부신 능력

꾸준한 노력!
지치지 않는 힘!

나는 무적의 하얀 코끼리를 타고 다녀. 상아를 무려 여섯 개나 가졌지. 각각의 상아는 여섯 가지 감각, 곧 육근(六根)을 상징해. 육근으로 생겨나는 인식의 불완전성을 극복한다는 것을 뜻해.

10
십대원(十大願)

보현보살 세움

최우수상 ♥

1. 모든 부처님께 예배 드리기를 원합니다 (禮敬諸佛願)
2. 모든 부처님을 칭찬하기를 원합니다 (稱讚如來願)
3. 모든 부처님을 공양하기를 원합니다 (廣修供養願)
4. 잘못과 악업을 참회하기를 원합니다 (懺悔業障願)
5. 타인의 공덕과 행복을 기뻐하기를 원합니다 (隨喜功德願)
6. 모든 부처님에게 설법을 계속하실 것을 청하기를 원합니다 (請轉法輪願)
7. 모든 부처님이 이 세상에 오래 머무르기를 청원하기를 원합니다 (請佛住世願)
8. 부처님 가르침을 따르기를 원합니다 (常隨佛學願)
9. 모든 중생을 이롭게 하기를 원합니다 (恒順衆生願)
10. 자신의 모든 공덕을 모든 중생의 행복을 위해 회향하기를 원합니다 (普皆廻向願)

해보자!

할 수 있어!

이중 하나만 해내면 한 치의 의심도 없이 깨달음을 얻을 수 있어. 열 개 모두 해낸다면 얼마나 굉장하겠어!

내가 세상을 가로질러 달리면 석가모니는 욕망의 마귀가 숨은 산을 만지신다. 내가 지나가면 스님들은 미소 짓고, 욕심, 화냄, 어리석음[탐진치]은 꼬리를 내리고 도망간단다.

51

무량한 자비
무한한 빛

안녕! 나는 관세음보살이야. ← "세상을 바라보는(觀) 분"이란 뜻
무한한 자비를 베푸는 보살이지. 고통 받는 자들의 울음
소리를 듣고 바로바로 도와주는 일을 해. 어떻게 하냐고?

**필요한 게 뭔지 말해봐.
내가 도와줄게!**

나는 손이 무지무지 많아. 어떨 때는 스무 개, 어떨 때는 사
십 개, 백 개, 심지어 천 개가 되기도 해. 손 하나하나마다
고통에 빠진 자를 도와줄 수 있는 도구나 수단이나 장비 같은
것을 가지고 있어.

다르마의 즐거움 관세음보살이
손에 쥐고 있는 것 목록

1. 망상을 끊는 칼
2. 일깨움의 나팔
3. 쓰고 그릴 수 있는 연필
4. 고요한 명상의 탑
5. 좋은 일을 하는 사무실
6. 지혜와 사유의 거울
7. 친절함이 담긴 선물
8. 머리를 쉴 수 있는 베개
9. 건강과 활력을 위한 과일
10. 후추 한 접시
11. 소금 한 접시
12. 한 잔의 물
13. 곤경에서 빠져나올 수 있는 동아줄
14. 부처님 가르침을 굴리는 법륜
15. 경제적 어려움을 해결할 수 있는 황금
16. 변화를 알리는 종
17. 여러 사람들과 연결할 수 있는 스마트폰
18. 즐겁게 읽을 수 있는 시집
19. 건물 짓는데 쓰는 충전식 드릴
20. 소원성취의 보석

난 손이
두 개밖에 없어!

두 개로도 많은 일을
할 수 있어.

그렇구나!

관세음보살! 부처와 하나가 되리라!
불법승에 직접 또는 간접으로 귀의합니다.
기쁨과 순수의 영원한 보살님!
아침 마음도 관세음, 저녁 마음도
관세음입니다.

이 작품을 볼 때마다
카르마 동전 7개를 받습니다.

자 비
세상의 울음 소리를 듣고 응답하신다

스물두 개 팔을 가진 관세음보살님
액막이 그림
2014년 9월 23일, 뉴욕에서

3/16/2008

Rodney
Alan
Greenblat

54

안녕! 나는 **지장보살**이야.

나는 자비심을 실천하는 보살이야. 모든 중생을 괴로움에서 건지는 일을 하지. 어떻게 하냐고?

매일 나는 여섯 세상(六道)을 다 돌면서 고통에 빠진 자를 도와서 자유를 얻도록 해주지. [여섯 세상은 천상, 인간, 아수라, 아귀, 축생, 지옥을 뜻해.]

시작해볼까!

따뜻한 마음

천상계에서는
천인들이 무관심에서
깨어나도록 해주었어.

천인이 되어도
문제는 있구나.

인간 세상에서
엄마와 아이들을 돌봐주었어.

아수라계에서는 거인들이
싸움을 멈출 수 있도록
화해와 평화를 가르쳤단다.

아기 콩생들

무서워라!

여 섯 세 상

끝없는
윤회

중 생 의

아귀 세상에서는
이들의 처절한 배고픔을
달래준단다.

동물 세계에서는
생태계를 보호하고
자연의 순환을 돕는단다.

아귀들은
먹어도
먹어도
계속 배가
고프단다.

지옥에서
나는 끔찍한 고통에
놓인 이들을 위로한다.

차안

피안

지장보살은 인생의 여정을 걸어가는
모든 여행자의 수호자이기도 해.

지장보살은 임산부와 일찍 죽은 아기들을
돌봐주기도 하지.

유마힐 거사

부처님들, 보살님들, 모든 중생님들께,

제가 몸이 아파 병상에 누워있다는 말씀을 드려 송구합니다. 신체의 병명은 무상(無常)이라고 합니다. 몸뚱이는 순간이면 썩어 없어지는 것이라서 의지할 것이 못됩니다. 원인과 조건에 따라 일어났다가 사라지는 메아리 같은 것입니다. 세월의 흐름을 당해낼 수 없더군요.

방에 혼자 있으니 외롭습니다. 모든 분들을 저희 집으로 초대합니다. 제 방은 작지만 일만 개의 갠지스 강변에 존재하는 모래의 숫자만큼 많은 숫자의 중생이 들어올 수 있습니다. 저희 집에 오시면 우리는 계율, 명상, 지혜, 해탈, 해탈의 통찰〔오분향례, 곧 계향, 정향, 혜향, 해탈향, 해탈지견향〕에 대해 얘기를 나눌 수 있을 것입니다.

이 늙은 현인을 가엾게 여겨 어서 와주시기 바랍니다. 시간은 마치 흘러가는 구름처럼 눈깜짝하면 변하고 사라져버립니다.

유마힐 올림

미륵은 누군가?

안녕.
나는 미륵이야.
미래의 부처님이지.
때가 되면
  지구로 돌아와
모든 중생을
  구제할 거야.
하늘 중 가장
  높은 곳에서 때를
기다리고 있어.

미륵님! 지금 당장 와주세요!

미래에 오실 분

미래는 영원히 미래에 머물고, 부처는 인간의 시간 밖에 머무는 거라면 예언이라는 게 있을 수 없지. 결국 나는 지금 여기 있다는 말이 되는 거야. 그렇다면 나는 어디 있을까?

미륵은 부엌에 계시는 게 아닐까?

거울 속에 있는 걸 수도.

"지금 여기"의 부처님인가!?

당신이 보살

보살의 소망은 다른 중생들의 고통을 덜어주고, 위대한 각성으로 이끌어주는 것이야. 팔이 백 개쯤 된다거나, 여섯 개 상아가 달린 흰 코끼리를 탄다거나 하는 특수한 능력이 있으면 그런 일을 해낼 수 있지. 하지만 지구상의 평균적인 인간에게 보살의 길은 쉽지가 않아. 그럼에도 불구하고 우리가 눈을 떠보면 우리 주위에 평균적인 인간이 보살의 모습을 한 것을 얼마든지 찾아볼 수 있지. 이들이 매일매일 실천하는 보살행 덕에 우리의 삶이 미묘하지만 뚜렷하게 나아지고 있는 거야. 보살의 실천 속에서 너의 모습도 찾을 수 있을 거야!

어린이를 위해 끝없이 애쓰는 보살

어린이들을 보살피고 돌봐줌

상대 얘기를 듣고 공감해주는 보살

걱정이나 꿈을 또렷이 들어줌

부모님 말씀을 들어드리는 보살

부모님의 말씀이 애정에서 비롯된 것을 앎

집안일 처리 보살

아무 불만 없이 집안을 깨끗이!

일찍 출근하는 보살

직장 분위기를 좋게 만들기

완전히 몰입하는 보살

업무에 집중하기! 즐기기!

길을 안내하는 보살

도움이 필요한 사람들을 인도

도움을 받을 줄 아는 보살

필요하면 솔직하게 도움을 요청

제대로 쉴 줄 아는 보살

심신을 쉬고 사색하는 시간을 갖는다

크게 웃고 미소 지을 줄 아는 보살

가벼울 때는 가볍게!

아시아에서는 절에 들어갈 때 [일주문을 지나면] 금강문이 나온단다. 금강문 양쪽에는 무시무시한 금강역사[인왕상이라고도 해]가 부리부리한 눈에 전투 자세를 취하고 있지. 이분들은 천둥, 바람, 불, 용감한 무사들의 마법의 힘을 사용해. 고대 신화 속에 나오는 분들이야.

금강역사의 임무는 나쁜 기운이나 잡귀가 절에 못 들어오도록 쫓아버리고, 절에 들어오는 이들의 마음에 두려움과 공경심이 생기도록 하는 거야. 이들은 우리가 기적과 불가사의의 세계에 들어갈 수 있도록 도와주신단다. 그러려면 우리는 문에 들어서기 전에 먼저 우리가 가지고 있던 고정관념이나 믿음을 내려놓아야 해. 그렇게 하면 말이야. 바로 오늘 여기의 일상 세상이 기적과 불가사의의 세계라는 것을 알게 되는 거야.

무적의 공덕 가루다 공주

가루다는 불교 신화에 나오는 반인반수의 새야. [금시조(金翅鳥)라고도 하지.] 가루다의 날갯짓은 엄청난 돌풍을 일으키는데 독사와 어리석은 자들이 무서워하는 사이에 그들의 황금을 빼앗아 간단다.

위대한 신비의 수호자 야차 왕자

불교 신화에 나오는 야차(夜叉)는 선한 괴물이나 거인의 모습을 하고 있어.
야차는 땅 속 깊이 숨겨둔 숲의 보물을 보호하는 자연의 정령이기도 해.

대신심, 대의심, 그리고 대분심(거북이)

나는 대신심이야. 희망과 꿈을 지키는 수문장이면서, 희망 없음과 꿈 없음을 지키기도 해. 나는 보시하는 것은 무엇이든 받아들이는 가방을 가지고 다녀. 무엇이든 감사히 받는단다.

나는 대의심이야. 무엇이든 명료하고 신중한 걸 좋아한단다. 어떤 주장이나 약속이든 내 거짓말 탐지기를 통과시키지. 어두운 곳 구석구석 다 밝혀볼 수 있는 플래시도 갖고 있어.

대신심(大信心)

대의심(大疑心)

태어남

죽음

정진 또 정진!

대신심이 세운 평화의 사무소

거짓말 탐지기

초고감도

거북이[대분심]는 탄생과 죽음의 터널을 무한히 통과하면서 삶의 길을 걷고 있단다.

희망과 꿈의 소원을 비는 우물

모든 언어가 종말을 고하는 무상의 매립지

세존께 올리는 공양

아이스티, 바나나, 귤, 땅콩버터와 잼 샌드위치

꽃, 향, 촛불, 물

비를 내려주는 구름 고양이

보살핌의 전동 토끼

대신심(大信心), 대분심(大憤心), 대의심(大疑心)은 선의 3개 기둥이라 일컬어져

절 입구를 지키는 수호자 부동명왕(不動明王)

부동명왕은 평화로운 빨간 괴물의 부처님 나라에 태어난 왕자였어. 이곳은 불로 가득한 마법의 나라야. 어린 나이에 부동명왕은 부모님께 지구에 보내달라고 했어.

왕과 왕비는 부동명왕에게 모든 다르마와 지구의 모든 과학을 다 공부해야 보내주겠다고 했어. 그는 열심히 공부해서 능력과 지식의 시험에 모두 합격했고 드디어 지구에 왔지.

부동명왕은 여러 큰 절에서 입구를 지키는 수호자 역할을 하다가 마지막에는 야생화의 산에 있는 "만공사(滿空寺)"라는 절에 정착했어.

부동명왕의 오른손에는 "나"를 보는 눈이 있어. 이 눈은 "나"라는 생각이 망상임을 꿰뚫어 본단다.

그렇구나!

바라 보라

나 내 것

발은 금덩어리를 밟고 있단다. 재산은 유용할 수도 있지만 결국 덧없다는 것을 뜻해.

진정으로 원하는 게 뭐니?

왼손에는 소원성취의 보석을 들고 있어. 위대한 지혜의 왕[明王]들만이 이 보석을 사용할 수 있단다.

부동명왕은 원래 인도에서는 산스크리트 말로 아칼라-비댜라자라고 불렀어. "움직일 수 없는 지혜의 왕"이란 뜻이지. 부동명왕은 동아시아로 오면서 번역된 이름이야. 아주 강력한 힘을 가진 수호신이지. 보통 불길에 휩싸인 모습으로 묘사되곤 해.

부동명왕 그림은 액막이 역할을 해. 나쁜 기운이나 불운을 몰아낸다고 하지. 옛날에는 액막이 예술이 많이 발달했었어.

도피안 견왕 선사

"도피안"은 강아지 시절에 파랑과 초록의 질투 신들이 전쟁을 벌이는 가운데 체포되었어.
초록 신은 그를 지구로 보냈지. 지구에서 그는 개집에 갇혀있었어.

그는 개집에서 20년간 명상에 잠겨있었어.
어느 날 친절한 부부가 개집에 갇힌 그를
구해주고는 불교 경전과 다르마 책들을 주었지.
열심히 공부한 그는
얼마 안 되어 대법왕이 되었어.

도피안은 심장 계곡에 있는 "피안사"의 입구를 지키는 수호신이 되었어.

오른손에는 불타오르는 팔정도의 법륜을 쥐고 있어.

도피안은 초록색 질투의 신을 체포해와서 발 아래에 두었어.
초록색 신은 항상 황금을 훔치려 하지만 결코 만족을 얻을 수 없어.

난 왜 원하는 걸 못 갖는 거야.

왼손에는 영축산의 꽃을 들고 있지. 이 꽃은 석가모니께서 진실한 다르마를 전할 때 사용하셨던 거야.

나도 크면 도피안 견왕 선사와 같이
줄무늬 바지에 커다란 허리띠를 찰 거야!

73

자타카는 석가모니 부처님께서 가르치셨다고 알려진 아주 오래된 이야기들이야. 부처님은 다양한 우화, 설법, 이야기들을 통해 40년간 가르치셨거든. 부처님은 듣는 사람이 누구이건 간에 알아들을 수 있도록 수준을 맞춰서 말씀을 하셨어. 고대 인도에 살았던 분이니까 당시 사람들이 이해하기 쉬운 이미지나 비유 등을 사용하셨지. 당시에는 윤회나 환생에 대한 믿음이 유행하고 있었기 때문에 부처님은 당신의 무수한 과거 생에 대한 이야기들을 들려주셨어. 그렇게 하면 당시의 인도 사람들이 이야기를 쉽게 이해하고 기억하고 나눌 수 있었거든.

자타카로 전해오는 이야기는 모두 5백 개가 넘어. 자타카가 전하는 부처님의 과거 생을 보면 부처님은 왕, 어린이, 남자, 여자, 코끼리, 사슴, 새 등 여러 삶을 거쳐오셨어. 이 책에 나오는 자타카 2개는 전통적인 것이고, 5개는 21세기에 새롭게 쓰여진 것이야.

자타카 이야기

인내심 있는 물소
(전통 자타카를 재구성)

아주아주 오래 전, 아주아주 먼 땅에 부처님은 물소의 몸으로 태어나셨어. 뿔은 나무를 쓰러뜨리고, 발굽은 돌멩이도 부술 만큼 강했지. 하루는 숲속에 누워 평화롭게 낮잠을 자고 있는데, 심술꾸러기 원숭이가 나타났어. 이 원숭이는 다른 동물들을 놀려서 화나게 만드는 못된 습관이 있었지.

"이봐 덩치 큰 물소 아저씨! 춤추는 거 좋아해?" 원숭이가 그렇게 묻고는 물소 등 위에 올라타서 까불까불 춤을 추기 시작했어. 물소는 별 관심을 두지 않았지.

"이봐 덩치 큰 물소 아저씨! 아저씨 두 뿔은 그네 같이 생겼어." 원숭이는 뿔 끝을 잡더니 그네를 밀듯이 마구 흔들어댔지. 그래도 물소는 별 동요가 없었어.

다음날 원숭이가 돌아왔어. 이번에는 기필코 물소를 화나게 만들겠다고 작정하고 말이지.

"이봐 덩치 큰 물소 아저씨! 회초리 맛을 한 번 보여줄게." 원숭이는 가느다란 회초리를 가지고 물소의 귀를 세차게 때리기 시작했어. 물소 등 위에 올라가서 하루 종일 놀면서 계속 회초리로 귀를 때렸지. 그래도 물소는 별 반응이 없었어.

며칠이 지나자 이를 지켜보던 천상의 여신이 나타났어. 여신이 물소에게 물었지.

"물소님, 당신은 그렇게 큰 힘을 가지고 있으면서 왜 원숭이를 놔두십니까?"

"원숭이는 작고 약하잖아요."라고 물소가 답했지. "원숭이는 원래 그렇게 심술궂은 심성을 가지고 태어난 걸요. 그를 벌하면 그는 고통스러울 텐데 내가 기분 좋자고 그렇게 할 수는 없습니다."

천신은 능력을 사용해서 물소가 고통을 당하지 않도록 해주었어. 그 덕에 물소는 평화롭게 살아갈 수 있었지. 원숭이는 도망가버렸지. 자기 습관을 버리지 못한 원숭이는 골려먹을 다른 물소를 또 발견했어. 그런데 말이야. 불행히도 이번에 만난 물소는 인내심이 없는 물소였어!

말 많은 거북이
(전통 자타카를 재구성)

아주아주 오래 전에, 아주아주 먼 어느 땅에 부처님은 임금님으로부터 가장 신임을 받는 신하로 태어나셨어. 왕의 나쁜 습관은 말이 너무 많다는 것이었어. 신하는 왕에게 그 습관에 대해 충언을 드릴 기회를 기다리고 있었지.

마침 그 왕국 한편에는 늪지대가 있었는데 거북이 한 마리가 살고 있었어. 어느 날 거북이는 거위 두 마리가 얘기하는 걸 엿들었지. 거위들은 이렇게 말하고 있었어. "이제 우리는 산꼭대기의 황금 동굴로 돌아갈 때가 되었어." 거북이는 황금 동굴이 너무 궁금해서 거위에게 부탁했어. "나를 황금 동굴로 데려가줄 수 있니?" 거위들은 잠시 상의하더니 거북이에게 말했어. "좋아. 너에게 그곳을 보여줄게. 작대기 가운데를 물고 있으면 우리가 작대기를 들고 날아갈게. 절대로 입을 열면 안돼." 거북이는 그렇게 하겠다고 대답했어. 거위는 작대기를 준비해서 양쪽 끝은 거위가 물고 가운데는 거북이가 물도록 했어. "절대 놓치면 안돼. 이제 날아보자!"

거위들이 날갯짓을 시작하자 무거운 거북이의 몸뚱이가 하늘로 떠올랐어! 거북이는 계곡을 지나, 언덕을 지나 훨훨 날았지. 마침 왕국을 지나는 중이었지. 그때 땅에서 놀고 있던 동네 아이들이 그 장면을 보고는 거북이를 놀렸어. 한 아이가 웃음을 터트리며 말했지.

"세상에! 거위가 거북이를 데리고 날고 있어!"

이 말을 들은 거북이는 화가 치밀어서 입을 다물고 있을 수가 없었지. "이 녀석들! 거위가 날 태워주든 말든 니가 무슨 상관이냐!"라고 외치는 순간… 거북이는 작대기를 놓쳤고 땅으로 떨어졌어. 거북이가 떨어진 곳은 공교롭게도 하수물로 가득찬 저수조였어. 돌벽으로 둘러싸여 있어서 거북이는 나갈 수가 없었지.

신하는 이 이야기를 듣고는 왕에게 충고할 수 있는 기회라는 것을 직감했지. 왕은 이 이야기를 듣자마자 자신의 수다스러움을 경계하라는 가르침이라는 것을 깨달았어.

임금님은 말했어. "짐이 너무 말이 많으니 사람들의 말을 듣는 것이 부족했도다. 입을 다물 줄 몰랐던 거북이와 같은 운명이 될까 두렵다! 앞으로 짐은 조심스레 말하고 성성스레 듣겠다." 이 말을 들은 신하는 몹시 기뻐했지. 그래서 왕과 신하, 백성 모두 오래오래 행복하게 잘 살았단다.

들쥐 세 마리

아주아주 오래 전 아주아주 먼 곳에 부처님은 한 사발의 죽으로 태어나셨어. 이 죽은 마술의 숲 한가운데 있는 그루터기 위에 놓여져서 항상 따끈따끈하게 끓고 있었지. 죽에 들어가는 재료는 풀과 물 뿐이었는데 놀랍게도 모든 세계의 모든 숲의 모든 중생을 먹여살릴 수 있었어.

이 숲에는 아주 성격이 안 좋은 들쥐 세 마리가 살고 있었어. 들쥐의 이름은 심드렁, 미움, 소심이었어. 세 녀석이 마법의 죽에 대해서 듣게 되었어. 심드렁이 말했어. "말도 안돼! 그런 죽이 어떻게 모든 동물을 먹인단 말이야? 죽을 팔아먹으려는 상술인 거야." 미움이 말했어. "죽을 좋아한다고 하는 모든 녀석들 꼴도 보기 싫어. 죽을 보기만 하면 침을 뱉은 뒤에 발로 차서 엎어버릴 테다!" 이번엔 소심이 말했지. "죽이 너무 뜨거워서 크를 데면 어떡하지? 그럼 난 어떻게 되는 거야?" 셋은 이런 식으로 이야기하면서 숲속을 걸었어. 얼마 안 있어 숲속에는 열린 공간이 나타났어. 햇살이 부드럽게 빛나는데 모락모락 김이 나는 죽 사발이 놓여있었지. 셋은 조심스럽게 접근했어.

심드렁이 죽 사발을 들여다보자마자 자신의 심드렁한 모습을 보게 되었어. 심드렁함이 자신과 남을 얼마나 괴롭혔는지 알게 되었고, 바로 그 순간 즐거운 마음이 꽉 들어찼어. 어떻게 하면 모든 중생을 돕고 인생을 즐길 수 있는지 알게 되었어. 그 뒤부터는 이름이 "즐거움"으로 바뀌었지.

미움이 죽 사발을 들여다보니 미움으로 가득 찬 자기 모습이 보이는 거야. 미움과 증오가 자신과 남을 얼마나 괴롭혔는지 알게 되면서 곧바로 친절한 마음이 꽉 들어왔지. 모든 중생을 마치 자식 대하듯 하는 어버이의 마음을 가지게 되었어. 그 뒤부터 이 들쥐는 "친절"로 불렸어.

이번엔 소심이 다가와서 냄새를 맡아보았어. 주저없이 한 숟가락 퍼먹었어. 그 순간 소심은 황금 들쥐로 변신했단다. 그가 말했지. "사계절이 하나요, 일 그램과 일 킬로가 차별이 없구나." 그는 분명히 위대한 마음을 얻었어. 그 뒤부터 그는 "위대함"으로 불렸어.

셋은 모두 죽을 마셨지. 마술처럼 아무리 마셔도 죽은 없어지지 않았어. 그들은 숲 속의 모든 중생들과 죽을 나눠 먹었단다.

규조류 부처님

아주아주 오래 전, 무지무지 먼 땅에 부처님은 수천억 개의 규조류로 태어나셨어. 규조류는 아주 작은 원시적 해양 생물이야. 하지만 여러 마리가 모여서 살기 때문에 거대한 플랑크톤의 군집을 이루게 돼. 여러 생을 규조류로 다시 태어나면서 부처님은 깨어있음의 바다를 둥둥 떠다니며 규조류의 삶을 즐기셨지. 어느 날 규조류 부처님은 생을 마치셨고, 그 몸은 바다 밑바닥에 내려가 묻혔단다.

수백만 년이 지나면서 규조류는 더 깊이 더 깊이 묻혔어. 깊은 명상과 고요의 기나긴 시간이었지. 수백만 년이 더 지나면서 규조류는 높은 열과 압력을 받았고, 결국 시커멓고 걸쭉한 원유로 변했어. 결국 땅에 구멍을 뚫은 사람들은 원유 부처님을 끌어올려 다시 빛을 보게 해드렸지. 원유는 정유소로 가서 증류와 분리의 과정을 거쳤어. 그 결과 일부는 윤활유로 탄생하게 되었지. 윤활유는 캔으로 포장되어 창고에 들어 갔다가 다시 도매상, 소매상의 손을 거쳤어. 그러다가 윤활유 부처님은 어느 자전거 가게에 상품으로 들어왔어.

어느 날 킴벌리라고 하는 아가씨가 바구니 달린 핑크색 자전거를 끌고 자전거 가게에 왔어. 체인이 자꾸 삐걱거려서 고치려고 온 거였지. 수리하는 아저씨가 들여다보더니 "체인은 괜찮은 것 같은데요. 윤활유를 좀 발라봅시다."라고 했어. 아~~ 아저씨는 몰랐겠지만 그가 체인에 발라준 것은 바로 부처님 윤활유였어. 체인은 삐걱 소리가 단박에 멈췄고 아주 부드럽게 돌아갔단다. 킴벌리는 다시 자전거를 타고 멋지게 달리게 됐지.

그림 1. 규조류

그림 2. 오랜 시간이 지나고 압력이 가해짐

그림 3. 석유 추출과 정유 과정

그림 4. 윤활유로 사용

소고기 부처님

아주아주 오래 전 아주아주 먼 땅에 부처님은 소로 태어나셨어. 소로 살다가 소로 죽었고, 도살당한 뒤에 고기와 뼈와 가죽은 모두 잘 사용이 되었어. 다음에 부처님은 다시 소로 태어나셨고, 그 삶을 계속 반복했어. 소고기 부처님은 때로는 탁 트인 초원 같은 좋은 환경에서 마음껏 뛰놀면서 살다 가셨고, 어떨 때는 최악의 환경에 태어나기도 하셨어. 공장식 축사에 사실 때는 철창에 갇혀 무릎 높이까지 질척이는 똥 속에서 살아야 했어.

한 번은 부드러운 풀과 클로버가 넓게 깔린 말 농장에 태어나셨어. 주인이 아끼고 사랑하는 아름다운 블랙 앵거스로 말이야. 그 농장에는 클레오라는 젊은 여자가 일하고 있었어. 그녀는 굳세면서 아름다웠지. 건초 더미를 트럭에 던질 만큼 힘이 셌지만 또 동물의 고통에 마음 아파하는 고운 심성을 지녔어.

어느 봄날, 클레오는 초원에서 소들을 살펴보다가 소고기 부처님을 보게 되었어. 소고기 부처님은 햇살 아래 고요하고 위엄있게 서있었지. 그녀는 다가가 윤기 흐르는 검은 털을 쓰다듬으며 속삭였어. "이렇게 아름다운 너가… 다음 주에 도축되어야 하다니." 소고기 부처님은 그 말을 듣고 대답했지. "날 알아줘서 고마워. 하지만 난 죽는 것을 걱정하지 않아." 소가 말을 하다니! 클레오는 충격을 받았지! "말을 할 줄 아니?" 그러자 소고기 부처님은 클레오에게 소로 살아온 이야기를 해주셨어. 많은 생 동안 겪었던 평정함, 슬픔, 잔인함, 친절함을 들려주셨지.

클레오 뺨에 눈물이 흘러내렸어. 그녀는 부처님에게 자신이 채식주의자이고 동물 애호가라는 걸 설명했어. 그러고는 흥분해서 소리쳤지. "이대로 가실 수는 없어요! 부처님이시잖아요! 스테이크가 되어버리실 수는 없어요! 입을 여셔서 온 세상 사람들에게 말을 해주세요. 육식을 멈춰야 한다고!"

소고기 부처님은 담담히 말씀하셨어. "지금은 적당한 때가 아니다. 사람들은 그 말을 들으면 오히려 더 화를 낼 것이다." 클레오는 절망했어. "세상은 엉망이야. 사람들은 내가 부처님을 만났다는 것도 믿지 않을 거고… 육식 문화는 계속 될 거야."

"그렇지는 않다." 부처님이 말씀하셨어. "525년 후에는 육식이 사라질 것이다." 클레오가 답했어. "525년이라구요? 그건 너무 먼 미래잖아요! 제가 뭘 할 수 있죠?" 부처님은 이 여성을 사랑스럽게 바라보며 말씀하셨지. "너는 모든 존재의 고통을 덜어주기 위해 열심히 살 것이다. 자비, 지혜, 행복을 가지고 살아가게 될 것이다. 세상의 부조리와 싸울 것이다. 네 삶으로 본보기를 보이며 사람들을 가르칠 것이다. 미래 세계의 진화한 인간이 될 것이다. 어렵게 들릴지 몰라도 넌 이미 그렇게 살고 있다."

클레오가 잠시 생각하더니 말했다. "그러면 지금 살던 대로 살라는 말씀인가요?" "네 생각대로 살아라. 걱정하지 말아라. 이것이 나의 가르침이다." "이제 난 뭘 해야 되죠?" "건초를 좀 가져오너라. 배가 고프구나."

할!

아주아주 오래 전 매우 매우 먼 어느 땅에 부처님은 "팬다추"라는 이름을 가진 팬더 곰으로 태어나셨어. 팬다추는 스님이었지.

팬다추는 도시에 있던 바쁘고 커다란 사찰에서 자랐어. 그곳은 분주히 돌아다니는 스님들, 종소리, 손님들의 수다, 도심의 교통 소리 등으로 항상 시끄러웠지. 해야 할 일이 너무 많았고, 모두가 늘 바빠보였어.

팬다추가 47세가 되자 주지 스님은 그에게 새 사찰을 지어도 된다고 허가했어. 팬다추는 말했지. "제 절은 아무 할 일도 없는, 깊고 깊은 산 속에 세울 겁니다. 저는 명상하고, 경전을 읽으면서, 조용함, 고독, 평화를 얻을 겁니다." 그 말을 듣자 주지 스님은 팬다추에게 "할"이라는 절에 가보라 했어. 그 절은 도시에서 멀리 떨어진 폐허가 된 절이었지. 팬다추는 조용함, 고독, 평화를 얻기 위해 그리로 갔어.

산 공기는 신선했어. 새소리와 바람 소리만 들려왔어. "할" 절은 상태가 안 좋았어. 지붕에 구멍이 나있었고 바닥은 삐걱거렸어. "할 일이 많은걸." 팬다추가 중얼거렸지. "절을 고치는 일을 끝내면 조용함, 고독, 평화를 얻을 수 있겠지."

절을 복구하는 일은 고되었어. 정원도 손질하고 채소도 심어야 했어. 그는 몹시 바빴지. 이웃 농가에는 초록 거위가 살고 있었는데 낮이면 항상 날아와서 종일 꽥꽥 울어댔어. 밤에는 그 집 황소가 어슬렁거리며 나타나 풀이든 채소든 닥치지 않고 다 먹어치웠지. 벌레, 박쥐, 쥐도 들끓었어.

어느 날 주지 스님이 방문하러 오셨어. 팬다추는 자기가 얼마나 고생하고 있는지 설명하고 도시로 돌아가고 싶다고 했어. 주지 스님 왈, "돌아와도 좋지만 엉망이 된 절, 채소밭, 황소와 거위를 다 같이 데리고 와야 돼." 어이가 없어진 팬다추가 되물었지. "그걸 왜 가져갑니까?" 순간 주지 스님이 외치셨어. "할!" 바로 그때 팬다추는 깨달았지. 조용함, 고독, 평화는 언제 어디서든 찾을 수 있다는 것을. 그 뒤로 그는 일체와 조화를 이루며 살았어.

여섯 머리의 보석 주인

아주아주 오래 전 몹시 몹시 먼 땅에 부처님은 빛나는 보석을 들고 있는 영적 존재로 태어나셨어. 이 존재는 머리가 여섯 개였어. 진짜 머리는 하나고, 그 주변을 다섯 개의 머리가 둘러싸고 있었어. 다섯 개의 머리는 눈에 보이지 않았어. 이 존재의 이름은 "여섯 머리의 보석 주인"이었어.

눈에 안 보이는 머리 중 첫째 이름은 "감각의 욕망"이었어. 이 머리는 소리, 색채, 냄새, 맛, 촉감이 주는 즐거움을 늘 탐닉했어. 아무리 채워도 욕망은 더 강해졌어. [탐욕개(貪欲蓋)]

둘째 머리의 이름은 "나쁜 심성"이었어. 이 머리는 못됐고, 질투심 많고, 부정적이고, 늘 기분이 나빴어. [진에개(瞋恚蓋)]

셋째 머리는 "나태함과 무기력"이었어. 이 머리는 늘 피로하고, 멍청하면서 늑상 부리고 게을렀지. 빈둥대면서 아무 일도 안하는 걸 좋아했어. [혼면개(惛眠蓋)]

넷째는 "불안함"이었어. 이 머리는 항상 걱정이 많았어. 두려움과 불안함 때문에 평화로운 순간이 없었지. [도회개(掉悔蓋)]

다섯째는 "의심"이었지. 이 머리는 아무도, 아무것도 믿지 않았어. 매사에 부정적이고 염세적이었지. [의개(疑蓋)]

여섯째는 "진짜 머리"였어. 여섯 머리 가운데 진짜 머리였지. 다섯 개의 머리들은 늘 진짜 머리의 희망과 꿈과 열정을 방해하려고 했지만, 진짜 머리는 행복하게 살면서 세상을 위해 일했지. 어떻게 그럴 수 있었냐고? 다섯 머리 중 하나가 말썽을 부리기 시작하는 즉시 진짜 머리는 말썽을 일으키는 머리의 존재를 알아보고 그 관점을 수용해주었기 때문이지. 다음에 진짜 머리는 그 가짜 머리의 동기나 의도를 알아보았지. 또, 진짜 머리는 다섯 개 나머지 머리들이 눈에 보이지 않을 뿐만 아니라, 무상하고 덧없이 흘러가버린다는 것을 알고 있었어.

다섯 개의 말썽 부리는 머리와 매일 같이 살아야 하는 것은 진짜 머리의 숙명이었지만, 그 덕에 진짜 머리는 빛나는 보석을 들고 있을 수 있었어. 빛나는 보석은 우리 일상 세계에서의 하루하루의 삶을 상징하거든.

공안(화두)은 선의 가르침을 담고 있어. 주로 중국에서 만들어진 것들이야. 대개 선승들의 가르침, 제자들과의 대화, 재해석된 불교 설화 등을 배경으로 해. 화두는 수행자가 모순을 당면하여 기존의 사고방식을 부숨으로써 깨달음에 이끌어주는 역할을 해. 화두는 오늘날에도 여러 스님들이 들고 계셔. 화두의 진실을 스승에게 말해서 인가 받아야 하는 거야. 이렇게 함으로써 수행자는 선의 깨달음을 얻고 양 극단[兩邊]을 벗어났음을 보이는 거야. 쉽지 않은 길이야. 보라! 보라!

공안

달마는 왜 수염이 없는가? (胡子無鬚)

혹암사체
(或菴師體) 선사

보리달마
(오랑캐?)

서천에서 온 달마는
왜 수염이 없는가?

무문(無門)

1183 - 1260

무문의 주석 :

선 수행을 한다고 하면 진짜로 해야 한다. 깨달았다고 한다면 진짜 깨달은 것이어야 한다. 달마를 있는 그대로 보면 보자마자 그를 알아볼 것이다. 그러나 달마를 있는 그대로 본다고 "말하면" 이분법 [二法]에 떨어지는 것이다.

모든 사물에는 두 가지 측면이 있다. 현상과 본질이 그것이다. 현상으로 나타난 보리달마는 수염이 있지만 본질의 보리달마에겐 수염이 없다. 이를 알기 위해서는 반드시 보리달마의 자성을 경험을 통해야 알아야 한다.

코운 야마다 (山田耕雲)

1906-1989

"달마에게 수염이 없다."라고 말한다면 그러한 언어 자체가 불필요한 수염과 같다. 수염이 없는 상태로 당신은 이미 자족하고 완전하다. 그런데 혹암의 말을 듣고 머리를 굴려 조금의 의심이라도 생기면 수염이 돋아나서 원래의 정정한 본성이 가려질 것이다.

참고: 자성은 업의 불길에도 소멸되지 않는다.

송 (頌)
바보 앞에서 꿈 얘기를 하지 말라
수염이 없는 달마라는 등
깨어있는데 꿈을 덧씌우지마라

벽암록 제55칙

도오원지의 조문

요점

현실 전체를 온전히 받아들인다면 바로 거기서 깨달음을 얻는다.
인연의 흐름과 하나가 되면 책임이 생겨난다.

← 직접적인

돌멩이가 부딪혀 만든 불꽃 또는 번개의 섬광 또는 몇 킬로미터 되는 벽을 올라가 호랑이의 머리와 꼬리를 붙잡는 것을 통해 미혹을 잘라내는 일은 잠시 놔두고… 사람들에게 길을 제시함으로써 그들을 도울 수 있는 방법은 있는 건가?
그걸 알아보기 위해 아래 이야기를 인용해볼게.

보라!

화상과 제자 점원(漸源)은 상가에 조문하러 갔어. 점원이 관을 두드리며 "살았습니까 죽었습니까?"라 하자 도오는 "살았다고도 죽었다고도 말할 수 없다."고 했지. 점원은 물었어. "왜 답하지 않습니까?" 하자 도오는 다시 말했어. "말할 수 없다." 돌아오는 길에 점원이 다시 말했어. "스승님, 당장 말씀해주십시오. 말씀 안 하시면 때리겠습니다." 도오가 답하길 "넌 날 때려도 되지만 난 말할 수 없다." 점원은 스승을 때렸어!
시간이 지나 도오화상이 입적하자 점원은 석상(石霜) 화상께 가서 그 얘기를 들려드렸다. 석상은 "살았다고도 죽었다고도 말할 수 없다."라고 말했다. 점원은 "왜 말할 수 없습니까?"라고 묻자 석상은 "말할 수 없다. 말할 수 없어."라고 했고, 그 순간 점원은 깨달았다.

살았습니까 죽었습니까?

말할 수 없다

어느날 점원은 괭이를 들고 법당을 동에서 서로, 서에서 동으로 가로 질렀다. 석상이 물었다. "넌 뭘 하느냐?" 점원이 말하길 "돌아가신 스승님의 영골을 찾고 있습니다." 석상이 말하길 "큰 파도가 넓고 멀리 퍼지고, 피어오르는 구름은 하늘에 넘치는데 무슨 스승의 영골을 찾는다는 것인가?"

설두화상은 착어하길
"하늘이여! 하늘이여!"

점원은 말하길
"온 힘을 쏟아야 할 부분이다."

태원의 부상좌는 평하길
"도오의 영골은 아직 남아있다."

송(頌)

토끼와 말은 뿔이 있고, 소와 염소는 뿔이 없다
미세하게 가는 터럭은 산 같고 봉우리 같다
황금빛 영골이 지금도 남아있다
흰 포말 파도가 하늘을 넘실거리는데 영골은 어디에 둘 것인가?
둘 곳이 없다
신발 한 짝 가지고 서천으로 돌아가던 자도 잃어버렸다

철적 도취 (鐵笛倒吹)
제62칙

남전은 산 속의 작은 오두막에 살고 있었어. 어느 날 그가 밭에 일하러 나가려 하는데 낯선 스님이 그를 찾아왔어. 남전은 스님을 환대하면서 "편안하게 자기 집처럼 계십시오. 원하시는 것은 무든지 요리해서 점심 공양을 하세요. 그러고 남은 음식을 밭에서 일하고 있는 저한테 가져다 주시면 됩니다."라고 말했어.

남전은 하루 종일 고되게 일을 했지. 저녁이 되자 몹시 배가 고팠어. 집에 와보니 이 스님은 혼자서 실컷 밥을 해먹고, 남은 음식을 모두 내다버린 거였어. 식기랑 집기도 모두 부숴버렸어! 스님은 태평스럽게 쿨쿨 잠들어 있었어. 너무 피곤한 남전은 눈을 붙이려고 스님 옆에 몸을 누이자, 스님은 벌떡 일어나더니 나가버렸어.

몇 년이 지나 남전은 제자에게 이 일화를 들려주며 이렇게 말했어.
"아, 참 좋은 스님이었는데. 지금도 너무 보고 싶구나."

센자키 평창

선은 배고픈 자에게서 음식을, 병사에게서 칼을 빼앗아간다. 무엇이 되었든 집착하는 바로 그 대상이 고통의 원인이 된다. 낯선 선승은 남전에게 진실한 해방을 주고 싶었던 것이다.

무쇼의 종이접기에서 이 페이지를 인쇄해. 검은 선을 따라 조심스럽게 자르도록.

이렇게 접어.

이 부분을 풀칠하거나 테잎으로 붙일 것

완성된 오두막

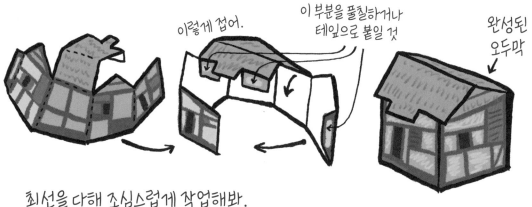

최선을 다해 조심스럽게 작업해봐.
다 만들었으면 스스로 자부심을 가져도 돼! 친구와 가족들에게도 자랑해봐.

평평한 곳에 오두막을 올려놓고… 흭!

재빠른 동작으로 납작하게 부숴버려!
부숴진 오두막을 재활용 쓰레기에 넣고
쓰레기통에 절을 한 번 올릴 것.

불성의 뜻이 뭡니까?

비유를 들어주지.
여섯 개 창이 난 방에 원숭이를 넣어둔 것
과 같아. 밖에서 누가 "원숭아! 원숭아!"라
부르면 안에서 답을 하지. 이처럼 여섯 개
창문 전체를 통해 부르면 대답하는 것이야.

앙산
(仰山)

중읍(中邑) 스님

원숭이가 잠들었을 때는 어떻습니까?

그 말을 듣자 중읍은 자리에서 내려와 앙산을 붙잡고
"원숭아! 원숭아! 내가 너와 만나는구나."라 했다.

종용록(從容錄) 제72칙
중읍의 원숭이

눈이 내리는 방 안에 얼어붙어서 잠들다.
한 해가 거의 끝났구나.
그윽한 후원의 사립문은 밤에 열리지 않는다.
싸늘하게 마른 덤불과 숲에 변화의 조짐이 보인다.
봄바람이 불자 굴뚝 아래 재가 나부낀다.

원숭이

100

벽암록 제39칙
운문의 작약 꽃밭

요점

길을 걸어가는 자는 숲속의 호랑이와 같고, 세간의 분별에 빠져있는 자는 우리에 갇힌 원숭이와 같다. 불성의 뜻을 알고 싶다면 시간과 계절, 원인과 조건을 살펴보라. 수백 번 정제된 순수한 황금을 제련해내고 싶다면 대장장이의 단조와 풀무가 필요하다. 자, 뛰어난 능력을 갖춘 자가 나타났다면 그자를 어떻게 시험하는가?

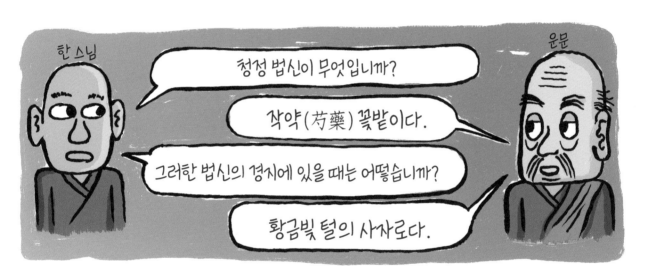

송(頌)

작약 꽃밭이라!
우물쭈물하지 말라.
저울의 눈금은 저울대에 있지 받침대에 있지 않다.
이러한 것이다.
얼마나 엉뚱한가!
모두 황금빛 사자를 보라!

신비로움으로 충만하다
"빈 밭을 경작하다"에서 인용

굉지 선사는 말했다.

시방법계는 일심에서 비롯된다.

일심이 고요하면 모든 현상은 완전하게 소멸한다.

무엇이 여기 있는가? 어느 것이 "나"인가? 형태를 가진 것들에 대해 분별하는 것을 그칠 때, 그 순간에 하나의 터럭조차 성립되지 아니하고, 조금의 기억조차 발생하지 않는다.

태아가 되기 이전에도, 그리고 몸을 얻은 이후에도 모든 찰나가 경이롭게 빛나고 있다. 모나고 각진 곳이 없이 모든 곳이 원만하여 사소한 차별은 모두 버렸다. 아무것도 흐리게 할 수 없는 것을 일컬어 증지(證智)라 한다. "나"를 아는 것만이 진정한 자각인 것이니, 터럭 하나조차 빗나갈 수 없다. 위대하고 고유하며 진정한 듣기는 소리가 없을 때 이루어진다. 눈이나 귀가 없이 보고 들을 때 비로소 신비로움이 충만하다고 하는 것이다. 그곳으로부터 빛이 흘러나오며 수천 가지 영상이 나타난다. 일체가 사실 그러한 것이다. 누더기 기운 가사 입은 중들이 제 역할을 하고 있다. 다른 사람의 집을 빌리지 마라. 나의 몸이 법당이니 분명하고 확실하게 너 스스로가 체득하여라.

105

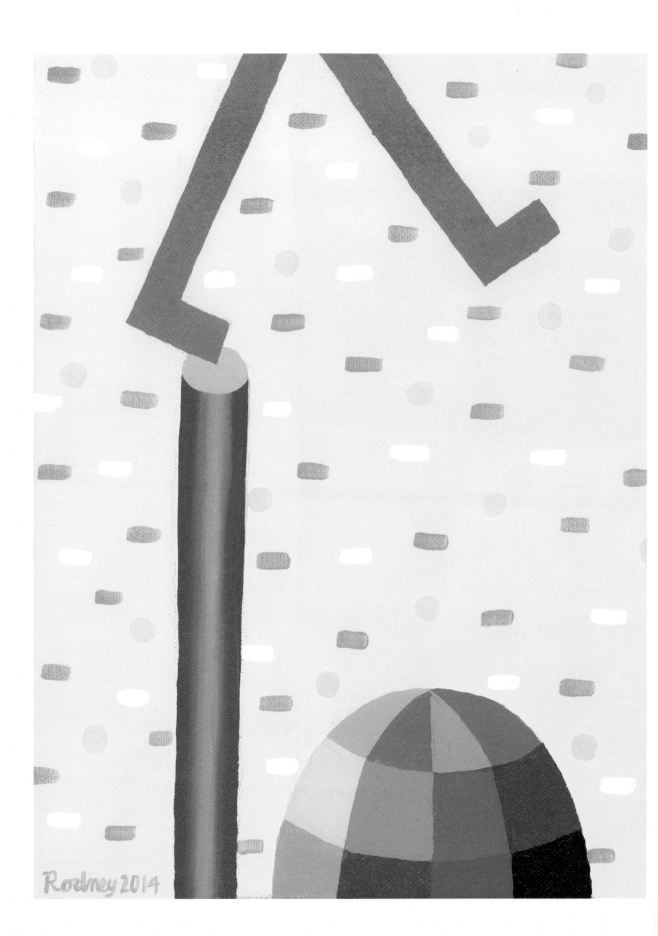

Rodney 2014

무문관 제46칙

석상화상

백 척이 되는 장대 끝에서
어떻게 한 걸음 나아가는가?

옛날의
한조사

"그것"을 얻은 자라 하더라도
백 척 장대의 끝에 앉아있다면 진정
으로 깨달은 것이 아니다. 그 꼭대기에
서 한 발짝 내딛어야 시방세계가
자신을 온통 드러낸다.

무문
선사

한 발 내딛었다가 돌아올 수 있다면
누구나 뛰어나다고 칭송할 것이다.
그러나 말해보라. 백 척의 장대 끝에서
어떻게 내딛을 것인가?

송(頌): 정수리의 눈은 멀어버렸고
저울의 눈금을 잘못 읽었네.
몸을 던져 목숨을 버렸으니
장님이 또 다른 장님을 이끄는구나.

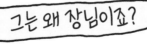
그는 왜 장님이죠?

좌선 수행

좌선 수행
명상 모임 ─ 자세 ─ 호흡 ─ 마음

1. 주변에 명상 모임을 찾아내서 참가해본다.

가장 중요한 것은 처음에 인터넷 검색을 통해 주변의 명상 모임을 찾아내는 것이야. 명상 센터마다 차이가 있어. 의식, 절차, 명상 방법, 일정 등이 모두 다를 거야. 몇 군데 들러서 명상을 해봐. 사람들도 만나고 선생님도 만나보면서. 그러다 보면 너한테 맞는 모임을 찾을 수 있을 거야.

몇 번 가본 다음에 선생님이나 회원들이 내 맘에 안 들면 어떡해?

상관없어. 계속 찾아보면서 다른 곳에도 가봐. 마음에 드는 곳을 찾는 게 중요하지. 포기하지 말고!

불교 공동체를 "승가"라 불러. 집에서 혼자 열심히 명상하는 것도 좋지만 승가에 속하는 것이 무척 도움이 많이 돼.
사실 승가는 불교의 궁극적 목표라고까지 말할 수 있어.
승가는 서로를 보살펴주는 공동체인 동시에 친구들, 이웃들, 마을, 도시, 주, 국가에서 전 세계까지 확장되는 거야.

좌선 수행
명상 모임 ~ 자세 ~ 호흡 ~ 마음

2. 명상할 때 앉는 자세를 가져야 해. 너한테 편안한 자세로 만들어봐.

일본 "좌선"의 기초에 대한 간단한 설명이야.

수직으로 꼿꼿이 앉되 편안하고 집중해야 해. 너의 자세는 명상에 잠겼던 모든 부처님의 투영이자 화신이야.

이렇게 생긴 방석과 쿠션을 사서 집에서 사용하길.

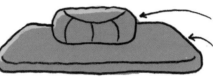

"좌복" 콩알을 넣은 스타일

"방석" 두꺼운 솜털을 넣었음

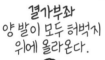

결가부좌
양 발이 모두 허벅지 위에 올라온다.

반가부좌
한발은 허벅지 위에 올라오고 다른 발은 바닥에 둔다.

옆 모습
눈은 뜨고 아래로 향한다.
벽을 향해 앉는다.
45°

버마 스타일
두 다리는 접지만 양 발 모두 바닥에 둔다.

무릎 꿇기
무릎은 바닥에 닿고 엉덩이는 좌복에 앉는다.

두루말이 꿇기
두루말이를 만들어서 엉덩이와 발목 사이에 끼운다.

의자
허리를 편다.

좌복

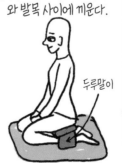

두루말이

양발바닥 모두 바닥에

좌선 수행
명상 모임 ~ 자세 ~ 호흡 ~ 마음

3. 호흡에 의식을 두는 것은 가장 기본적인 집중 방법이야.

 너의 생명은 호흡의 단순한 리듬에 의해 유지되고 있다. 호흡은 무엇인가? 큰 바다의 파도처럼 깊기도 하고 얕기도 하고 들어갔다가 나왔다가 하지. 호흡을 따라가다보면 우주의 에너지를 따라갈 수 있어.

기본 호흡 명상

 **숨 세기**
자연스럽게 쉬는 숨을 속으로 센다.

숨이 들어오고 나가면 하나
숨이 들어오고 나가면 둘
숨이 들어오고 나가면 셋…
그렇게 열까지 센 다음에 다시 하나부터 시작한다.

 무릎 아파!

 **숨 바라보기**
자연스럽게 일어나는 숨의 들어옴과 나감에 의식을 집중한다.

 발에 감각이 없어!

명상은 최소한 15분 이상 해야 돼.
명상 센터에서는 보통 25-30분간 명상을 해.
좀 긴 곳은 45분에서 1시간까지 하기도 해.

좌선 수행
명상 모임 ~ 자세 ~ 호흡 ~ 마음

4. 마음의 움직임을 알아차리는 것이 부처님의 깨어남이야

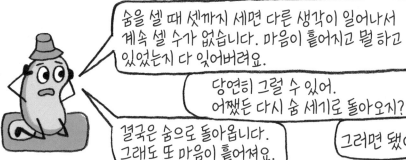

숨을 셀 때 셋까지 세면 다른 생각이 일어나서 계속 셀 수가 없습니다. 마음이 흩어지고 뭘 하고 있었는지 다 잊어버려요.

당연히 그럴 수 있어. 어쨌든 다시 숨 세기로 돌아오지?

결국은 숨으로 돌아옵니다. 그래도 또 마음이 흩어져요.

그러면 됐어!

생각은 생각일 뿐

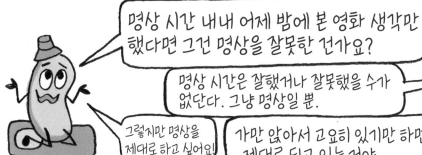

명상 시간 내내 어제 밤에 본 영화 생각만 했다면 그건 명상을 잘못한 건가요?

명상 시간은 잘했거나 잘못했을 수가 없단다. 그냥 명상일 뿐.

그렇지만 명상을 제대로 하고 싶어요!

가만 앉아서 고요히 있기만 하면 제대로 되고 있는 거야.

명상의 이로움은 모든 중생의 것

제가 정확하게 명상을 배워서 오랜 기간 수행하면 무슨 이로움이 있습니까?

이로움을 얻고자 하는 것은 사람의 기본적인 욕심이지. 명상을 해내면 그 이로움은 세계의 모든 황금이 주는 것보다 더 클 걸세.

황금을 주신다는 뜻인가요?

자네가 바로 황금일세!

각주
Notes

1 원시 부처님, 종이 위에 수채. 9×9인치, 2007.

2 오케이라 말하는 부처님, 종이 위에 수채, 9×9인치, 2007.

4 로키, 종이 위에 수채, "천둥 토끼가 쉬푸푸를 도와주다"라는 책에서 세부 사항을 가져옴(일본: Interlink, 2009)

7 자신감, 수제 종이 위에 잉크, 11.5×4인치, 2011.

9 욕심이 없음, 수제 종이 위에 흑색 및 금색 잉크, 4×6인치, 2013.

10 찻집의 부처님, 종이 위에 디지털 채색 잉크, 7×8인치, 2008.

12 "부처님은 법륜을 굴리시고 현실은 만 가지로 모습이 드러나다", 젠도 마을 염불 및 신행 책에서.

13 "법문이 한없이 많지만 다 배우리라", 젠도 마을에서 암송하는 보살의 네 가지 서원 중세 번째.

15 다르마의 즐거움 만다라, 디지털 그림, 12×15인치, 2014.

16 새벽 별, 캔버스 위에 아크릴, 11×9인치, 2009.

17 "부처님들" 타이틀 페이지 그림, 종이 위에 마커, 디지털 채색 사용, 6×7인치, 2014.

19 도심 속의 로하츠, 종이 위에 수채, 7×10인치, 2009.

20 "나"를 공부하라, 종이 위에 수채, 8×8인치, 2011.

21 도겐 선사, "Moon in a Dew Drop: Writings of Zen Master Dogen"(카즈 타나하시 편집)(뉴욕: North Point Press, 1985)에서 인용.

22 채식 샌드위치, 종이 위에 수채, 8×8인치, 2011.

23 『능가경』 제16장에서 석가모니 말씀 인용: 고기를 먹지말라, 실퐁 춘 영역, 2008 개정.

25 너 자신의 등불이 되어라, 종이 위에 수채, 8x8인치, 2011.

32 거울에 비친 본성, 종이 위에 수채, 9×9인치, 2010.

33 부처님의 진공 청소기, 종이 위에 수채, 9×9인치, 2010.

34 부처님의 나팔, 종이 위에 수채, 18×24인치, 2007.

35 산에 앉아있기, 종이 위에 수채, 12×16인치, 2007.

이것!

각주 계속
Notes continued

79   말 많은 거북이, 종이 위에 수채, 7×10인
     치, 2014.

81   들쥐 세 마리, 종이 위에 잉크, 디지털 채
     색, 6.5×5인치, 2011. 이 이야기는 도겐 선
     사의 글 "텐조를 위한 지침"에서 영감을 받
     았다. 직접 인용하면 "사계절이 한눈에 진
     행하도록 보아야 한다. 한 냥과 한 근을 똑
     같이 보아야 한다."이다. "Moon in a Dew
     Drop"(Kaz Tanahashi 편집)(뉴욕: North
     Point Press, 1985)에서 인용.

83   규조류에서 석유까지, 종이 위에 잉크, 디지
     털 채색, 7×10인치, 2014.

85   소고기 부처님과 함께 있는 클레오, 종이 위
     에 수채, 6×4인치, 2014.

86   할!, 종이 위에 수채, 5.5×8인치, 2010.

89   여섯 머리의 보석 주인, 종이 위에 수채,
     7x10인치, 2010. 이 이야기는 불교 수행에
     서 말하는 "다섯 가지 장애"에서 영감을 받
     았다.

91   "공안" 표지 그림, 종이 위에 잉크, 디지털
     채색, 5×5인치, 2014.

92–93 『무문관』 제4칙은 "The Gateless Gate: the

Classic Book of Zen Poems"(Koun Yamada 저)
에서 인용(Somerville: Wisdom Publications,
2004)

94–95 『벽암록』 제55칙"은 "The Blue Cliff Record"
     (J.C. Clearly, Thomas Cleary 번역)(Boston:
     Shambhala Publications, 2005)에서 인용.

96–97 "철적도취 제62칙" "The Iron Flute: 100 Zen
     Koans"(Nyogen Senzaki 저)(Boston: Tuttle
     Publications, 2000)에서 인용.

98–99 『종용록』 제72칙, "Book of Serenity: One
     Hundred Zen Dialogues"(Thomas Cleary 번
     역)(Boston: Shambhala Publications, 2005)
     에서 인용. 작품은 각각 종이 위에 잉크,
     29×60인치, 2014.

100–101 조주의 개, 나무, 세라믹, 아크릴 페인트, 하
     드웨어, 배터리, 전등으로 조형, 24×12×6
     인치, 2010. 『무문관』 제1칙 문구 포함,
     "The Gateless Barrier"(Zenkei Shibayama 저)
     (Boston: Shambhala Publications, 2000)을
     인용.

102 다함이 없는 불, 캔버스 위에 아크릴,
     40×50인치, 2012.

103 『벽암록』 제39칙, "The Blue Cliff Record" (J.C. Cleary, Thomas Clearly 역)(Boston: Shambhala Publications, 2005)에서 인용.

104 "Cultivating the Empty Field"(Taigen Dan Leighton 저)(Boston: Tuttle Publishing, 2000)에서 굉지정각 말씀을 인용.

105-109 기적의 성취, 캔버스 위에 아크릴, 70x60인치, 2013.

110 한 발 내딛기, 캔버스 위에 아크릴, 9x12인치, 2014.

111 『무문관』 제46칙, "The Gateless Barrier"(Zenkei Shibayama저)(Boston:Shambhala Publications, 2000)에서 인용.

115 좌복과 방석은 dharmacrafts.com 등 명상 물품 판매 업체로부터 구매 가능. 명상 자세 그림들은 "Zen Training, Methods and Philosophy"(Katsuki Sekida 저)(Trumbull: Weatherhill Publishing, 1975)에서 가져옴.

118 하나의 완전한 원, 종이 위에 잉크, 8×10인치, 2014.

119 여러 상대적 원들, 종이 위에 잉크, 8×10인치, 2014.

120 달마가 말했다, 종이 위에 수채, 4×6인치, 2012.

121 부처님께서 가르키시다, 종이 위에 수채, 4×6인치, 2009.

122 후프를 통과, 수제 종이 위에 수채, 4×6인치, 2012.

123 사자의 보호를 받는 부처님, 종이 위에 수채, 7×10인치, 2014.

125 모든 우주 시간 공간 지혜 어리석음 모두 이 점에서 뻗어나간다, 나무 위에 아크릴, 18×18인치, 2008.

126 삼독과 함께 그린 자화상, 종이 위에 수채, 10.5×7인치, 2010.

127 겨울 길, 디지털 채색, 4×6인치, 2012.

모든 우주 시간 공간 지혜 어리석음
모두 이 점에서 뻗어나간다

그림

로드니 앨런 그린블랏

2008년 2월 14일

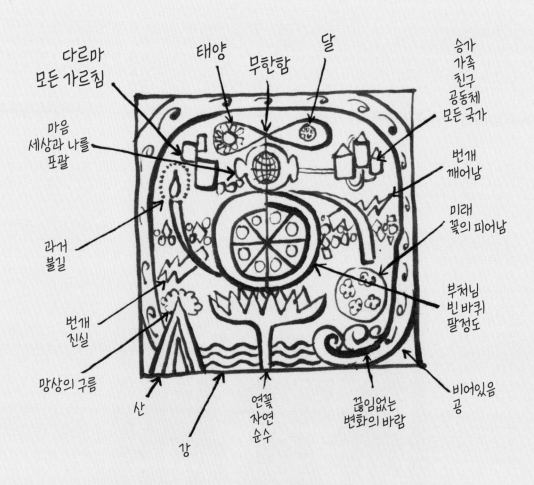

다르마
모든 가르침

태양

무한함

달

승가
가족
친구
공동체
모든 국가

마음
세상과 나를
포괄

번개
깨어남

미래
꽃의 피어남

과거
불길

부처님
빈 바퀴
팔정도

번개
진실

망상의 구름

산

강

연꽃
자연
순수

끊임없는
변화의 바람

비어있음
공

저자에 대해
About the Author

로드니의 작품들은 그의 웹사이트에서 더 볼 수 있어.
whimsyload.com

로드니는 세 살 때부터 그림을 그리기 시작했어. 1970년, 열 살이 되던 해에 학교의 학부모-교사 모임의 문집의 표지를 그리게 되었는데 이것이 큰 계기가 되었어. 수 년이 지난 뒤에 그는 뉴욕으로 이사왔어. 그의 생생하고 다채로운 조형물과 그림은 당시 그곳에 성장하던 동양적 예술의 중요한 부분이 되었지. 전설적인 그레이시 맨션 갤러리에서 개인전도 몇 차례 가졌어. 1985년에 "승리의 방주"라는 조형물은 휘트니 박물관 전시회에 출품되었어. 1990년대에 로드니는 컴퓨터 작업으로 여러 가지 실험을 계속한 결과, 쌍방향 CD-ROM을 만들어냈고, 비디오 게임 업계와도 연결되게 되었어. 그는 소니 플레이스테이션의 "파라파 더 래퍼" 게임 배경의 미술 작업에 일조했어. 일본에서는 다양한 유명 소비재 유통으로 이어졌어. 텔레비전의 만화 시리즈로도 방영되었지. 로드니는 세계적 유수 기업 및 출판사를 위해 캐릭터 및 도안을 창작했어. 여기는 패밀리 마트, 소니, 토요타, 더 뉴요커, 더 뉴욕 타임스 등이 포함돼. 로드니는 뉴욕의 빌리지 젠도 젠 센터의 원로 수행자이며, 여기서 "무쇼"라는 법명을 받았어. 로드니는 진정한 표현을 향해 오늘도 색채와 마술의 생생한 길을 가고 있어.

청소년과 어른이 함께 읽는 일러스트 불교 입문

초판 1쇄 펴냄   2017년 6월 5일

글 · 그림 무쇼 로드니 앨런 그린블랏
옮긴이 윤승서, 이승숙
발행인 이자승   편집인 김용환
출판부장 이상근   편집 이송이, 김재호, 김소영
디자인 이연진   마케팅 김영관

펴낸곳 조계종출판사
출판등록 제300-2003-120호(2003.07.03.)
주소 서울시 종로구 삼봉로 81 두산위브파빌리온 230호
전화 02-720-6107~9 팩스 02-733-6708
홈페이지 www.jogyebook.com

ISBN 979-11-5580-091-1 (03220)
값 15,000원

• 이 도서의 국립중앙도서관 출판예정도서목록(CIP)은 서
  지정보유통지원시스템 홈페이지(http://seoji.nl.go.kr)와
  국가자료공동목록시스템(http://www.nl.go.kr/kolisnet)에
  서 이용하실 수 있습니다.(CIP제어번호 : CIP2017012227)

"불교에 대해 다채롭고 재미있고 아름다운 사색을 펼쳐내는 이 책을 집어들면 누구나 큰 즐거움을 얻을 것이다!
로드니의 탁월한 감각 덕에 이 책은 진정한 예술 작품으로 승화하였다.
선을 수행하거나 그저 단순히 관심을 가진 사람들에게도 매우 유익한 책이다."
— 애비 덴슨, 만화가, 음악가, 『쿨 재팬 가이드』의 저자

"선이란 원래 정신적 차원의 유머 감각을 잃지 않는 가르침이다.
그러한 선이 이 책을 통해 새롭고 생생하고 장난스러운 생명을 얻었다.
본래 면목이 본래 마음을 만나는 것은 일대사건이다. 다르마의 즐거움이라!
이 책은 선불교에 대한 다른 어떠한 책과도 구별되는 독창적이고 진실된 작품이다."
— 레이프 마틴, 선불교 지도자, 『반얀 사슴과 끝없는 길』의 저자